Take Away Skämt 2

Fady Negm El Din

Take Away Skämt 2

Förlag: BoD – Books on Demand, Stockholm, Sverige
Tryck: BoD – Books on Demand, Norderstedt, Tyskland
ISBN: 978-91-8057-190-6

En smålänning gjorde ett titthål i en glasdörr.

En göteborgare skulle utveckla en helikopter. Han tog bort rotorbladen och satte dit en fläkt istället.

En man skrattade så mycket att han glömde stänga sin
mun.

En norrlänning köpte solglasögon. Kassören frågade: »Är den till dig?« Han är bara nej till solen.

En latmask skulle måla om väggarna hemma. Han må-
lade en och satte upp »Nymålat« skyltar på de andra tre
väggarna.

Mannens fru lagade mat med motorolja och frågade hur det smakade. Mannen svarade: »Tuut.Tuut.Tuut.«

Tjejen sms:ade: »Om du sover, skicka vad du drömmer om. Om du skrattar, skicka vad du skrattar åt.« Mannen svarade: »Älskling, jag är på toaletten. Vad ska jag skicka till dig?«

En snåljåp tappade en hundralapp på marken. Men han
hittade den inte när han böjde sig ner. Det var för han
hade fångat den i luften.

Varför har man solglasögon? 10% för och vara i form, och 90% för att kunna spana i fred.

En pappa frågade sin son: »Vad har ni fått i skolan?«
»Ett test«, svarade pojken. »Vad fick du då?« »En shock«.

En snål person ramlade på gatan och började blöda. Personer runt omkring frågade: Kan vi ringa ambulans? Nej, ring någon som vill köpa blodet.

En smålänning ramlade ner i brunnen. Hans kompis gick
och väntade vid kranen på att han skulle komma ut.

Två fyllon pratade med varandra. Varför är nyheterna på så länge idag? Det är sista avsnittet ju!

När fjärkontrollen är utan batteri så köper fransmännen nya. Egyptierna tuggar lite på battariet och så funkar det igen.

En man drömde om fotbollsmatcher för kycklingar. Doktorn sa: Du får en spruta så de går bort. Nej, Nej, inte idag. Det är ju final!

En smålänning skulle sälja sin bil. Hans kompis tipsade
om att skriva Ferarri på den. Dagen efter frågade kompi-
sen om han sålt bilen. Nej, är du dum? Jag säljer inte en
Ferarri!

En norrlänning ville operera sina ögon. Han öppnade upp
ett hål mellan dom.

Norrlänningen döpte sin son efter sig själv. Döpte honom
till pappa.

De sa till smålänningen att rökning dödar långsamt. Han svarade att han inte har bråttom.

En kackerlacka är på sjukhus. Då frågade den andra var-
för han hamnat där. Var det kemikalier eller en sko?

En man och hans fru. Frun skrev en lapp och frågade
om de kunde hälsa på svärföräldrarna. Nej,det tyckte inte
mannen. Då skrev hon med stora bokstäver. Nej, det vill
jag inte och höj inte rösten.

En man köpte en blommig skjorta. För att fåglarna ska
komma till honom.

En fisk kunde inte simma, så den drunknade i havet.

En fotbollspelare som rökte för mycket tog bollen på bröstet och ut genom näsa.